AF494421

17 Décembre 79

Vente des Mercredi 17 et Jeudi 18 Décembre

RUE DROUOT, 9, SALLE N° 5

A DEUX HEURES PRÉCISES

Collection de feu M. ALGER

FAÏENCES ANCIENNES

FRANÇAISES, ITALIENNES ET FLAMANDES

Plaques, Plats, Assiettes, Potiches et autres

VERRERIES DE VENISE ET DE BOHÊME

ANTIQUITÉS DIVERSES

Médailles en bronze et en argent — Objets de vitrine

FERRONNERIE ANCIENNE

Clefs, Serrures, Verrous, Cadenas, Marteaux de portes, etc.

ARMES DIVERSES

GRAVURES ANCIENNES ET DESSINS

LIVRES

Archéologie, Numismatique, Céramique et autres

MEUBLES ANCIENS EN BOIS SCULPTÉ

Par le ministère de **Me GUÉLON-DUBREUIL**, Commissaire-Priseur,
boulevard de Sébastopol, 3.

Assisté de **M. RIFF**, Expert, rue Drouot, 17.

EXPOSITION PUBLIQUE

Le Mardi 16 Décembre 1879, de deux heures à cinq heures.

PARIS — 1879

ORDRE DE LA VENTE

Le Mercredi 17 Décembre

Faïences anciennes, Verreries et Objets antiques.

Le Jeudi 18 Décembre

Ferronnerie, Gravures, Livres et Meubles.

CONDITIONS DE LA VENTE

La vente sera faite au comptant.

Les Acquéreurs paieront CINQ POUR CENT, en sus de leurs prix, applicables aux frais.

DÉSIGNATION

FAIENCES FRANÇAISES

ROUEN

1 — Six Assiettes creuses au carquois; riche décor. (Ce lot sera divisé).

2 — Soupière octogone à la corne; décor de fleurs et oiseaux.

3 — Deux Petits Plats à bord dentelé à la corne; décor de fleurs et insectes.

4 — Bannette octogone à anses à la corne; décor de fleurs, insectes et oiseaux.

5 — Autre Bannette octogone à anses; décor de fleurs et ornements polychromes.

6 — Petit Plat à barbe, bord découpé; décor de fleurs polychromes.

7 — Petit Plat ovale; décor chinois polychrome.

8 — Autre petit Plat ovale, bord contourné; décor polychrome, bouquet de fleurs.

9 — Deux Assiettes dites à chanson, datées 1757.

10 — Deux Porte-Bouquets; décor polychrome.

11 — Grand Plat octogone, camaïeu bleu; au centre, corbeille de fleurs.

12 — Grand Plat octogone, camaïeu bleu; riche bordure.

13 — Joli petit Plat octogone, camaïeu bleu; riche bordure (marqué).

14 — Bidet, camaïeu bleu.

15 — Pichet en vieux Rouen polychrome.

16 — Autre Pichet en vieux Rouen polychrome.

17 — Deux autres Pichets en vieux Rouen polychrome.

18 — Deux Boîtes à épices, l'une en forme de trèfle, camaïeu bleu, et un Moutardier.

19 — Vase à faire boire, ornements polychromes (marqué).

20 — Trois Assiettes à la corne, fleurs et oiseaux.

21 — Huilier avec Burettes, monture en étain.

22 — Deux petits Vases à inscription.

23 — Jolie Soucoupe à bord dentelé, camaïeu bleu.

24 — Deux autres Soucoupes polychromes.

25 — Saladier polychrome à fond paysage (Jean Hatinguais, 1736).

26 — Deux petits Plats creux polychromes, à bord dentelé.

27 — Deux autres petits Plats creux camaïeu, à bord dentelé.

28 — Environ 20 pièces diverses en vieux Rouen (Ce lot sera divisé).

NEVERS

29 — Plat décor, style japonnais, camaïeu bleu.

30 — Réchaud, bouquet de fleurs, camaïeu bleu (marqué à la roue).

31 — Ecuelle en Nevers, période italienne, à inscription, 1735.

32 — Assiette, camaïeu bleu, branchages et oiseaux.

33 — Assiette à inscription et Plat creux papillon.

34 — Deux Gobelets de mariage, à inscription, médaillon polychrome.

35 — Deux petits Plats camaïeu bleu; décor chinois.

36 — Autre petit Plat période italienne. Sainte-Geneviève de Paris.

37 — Trois Assiettes; décor oiseaux et chinois.

38 — Deux Souris, période italienne.

39 — Deux petits Bustes en vieux Nevers.

40 — Jolie Gourde en vieux Nevers camaïeu bleu; décor très-fin.

41 — Deux Souliers en vieux Nevers; modèles différents.

42 — Tabatière en vieux Nevers polychrome.

43 — Petit Pot en vieux Nevers chinois, camaïeu bleu.

44 — Petit Chien en vieux Nevers polychrome.

45 — Petite Jardinière à mascarons.

46 — Dix Pièces diverses, à diviser.

47 — Série d'Assiettes de la première République, composée de 35 pièces décorées à inscriptions, dates et attributs. (Ce lot sera divisé).

MARSEILLE

48 — Six Assiettes et deux Plats, camaïeu vert, insectes et fleurs.

49 — Six Assiettes au chinois, polychromes.

50 — Trois Assiettes, bouquets de fleurs, polychromes.

51 — Cinq autres Assiettes, bouquets de fleurs, polychromes.

52 — Quatre Assiettes et deux Plats, bouquets de fleurs, polychromes.

53 — Saucière, forme bateau, marque Robert, polychrome.

54 — Deux Assiettes polychromes, semis de roses, marque Joseph Robert.

55 — Sucrière, bouquet de fleurs.

56 — Deux Assiettes, œillet.

57 — Quatre Assiettes, bouquet de roses.

58 — Trois Assiettes décorées et deux blanches.

59 — Deux Assiettes fleurs, marque Robert et veuve Perrin.

60 — Deux Assiettes fleurs, marque Robert et Robert Savy.

61 — Deux Assiettes petits bouquets polychromes.

62 — Jolie Assiette fleurs et oiseaux, polychrome doré.

63 — Vingt Assiettes et deux Plats (Ce lot sera divisé).

64 — Soupière et Plat ; décor bouquets de roses.

65 — Plateau carré : décor bouquets de roses, à bord dentelé.

66 — Plateau octogone à pieds, fleurs.

67 — Compotier, marque Savy.

STRASBOURG

68 — Grand Plat rond, fleurs.

69 — Plat rond, fleurs bord à jour.

70 — Corbeille ovale, fleurs, bord à jour.

71 — Quatre Assiettes, fleurs, marque Hannong 1720-1722.

72 — Plat ovale, fleurs, marque Joseph Hannong.

73 — Quatre Assiettes, fleurs, à bord dentelé.

MOUSTIERS

74 — Deux Assiettes, fleurs polychromes.

75 — Trois Assiettes et un Plat, camaïeu jaune-orange.

76 — Petit Plat ovale, camaïeu vert. Sujets Callot.

77 — Salière polychrome.

SAINT-AMAND-LES-EAUX (Nord)

78 — Quatre Assiettes, sujets paysages et figures, marque 1773.

79 — Deux Assiettes creuses, fond gris perle rehaussé de blanc, fleurs.

80 — Deux Assiettes : autre décor rehaussé de blanc (une marquée).

81 — Encrier, décor fond gris perle, camaïeu bleu.

APREY

82 — Jolie Assiette : décor fleurs et oiseaux.

83 — Huilier polychrome.

84 — Deux Assiettes en faïence de Sceaux, marque Ancre. Fleurs polychromes.

85 — Vingt Assiettes en faïence de Picardie et diverses (Lot à diviser).

86 — Gourde à double bec, décor polychrome, en faïence de Sinceny.

87 — Huilier avec Burettes et Couvercles, en faïence de Sinceny.

FAIENCES ITALIENNES

MILAN

88 — Six Assiettes, décor du Japon polychrome, marque FF et Aigle noir.

89 — Six Assiettes, décor du Japon polychrome, sans marque.

90 — Trois Assiettes, bouquets de fleurs polychromes.

91 — Six Assiettes Louis XV, manganèse et or.

92 — Deux Assiettes à bord contourné ; décor très-fin, fleurs et fruits.

93 — Deux Assiettes à bord contourné ; décor très-fin, fleurs et fruits.

94 — Quatre Assiettes à fleurs polychromes.

95 — Deux petits Plats ; décor de paysage.

96 — Petit Plat ; décor branches de fleurs polychromes, marque Milano.

97 — Deux Assiettes ; décor Monument et Fleurs.

98 — Petit Vase à anses ; décor Chinois polychrome.

99 — Deux Tasses à anses et leurs Soucoupes à fleurs polychromes.

100 — Une Tasse et sa Soucoupe, à fleurs polychromes.

101 — Trois Tasses et leurs Soucoupes, à fleurs polychromes.

102 — Plat-Bougeoir, bouquets de fleurs polychromes.

103 — Pichet, bouquets de fleurs polychromes.

104 — Jolie Cuvette ovale, à fleurs et oiseaux polychromes.

105 — Plat à barbe, (paysage), en Faenza.

106 — Grand Saladier en Castelli; décor arabesques polychromes, médaillon Ève.

107 — Petit Plat en Castelli, à bord contourné, arabesque. Médaillon Amour.

108 — Coupe ronde à piédouche, Christ en croix (Urbino).

109 — Plat rond, bord gaufré : au centre, figure de Mercure (Faenza).

110 — Petit Plat creux bord contourné, arabesques, figure d'enfant (Castelli).

111 — Plateau à piédouche, arabesques, figure de saint. (Castelli).

112 — Trois Plateaux à piédouche, armoiries, Saint en prière, figure Amour (Faenza).

113 — Deux Plats, camaïeu bleu (Savone).

114 — Plat rond, camaïeu bleu, personnages et armoiries (Savone).

115 — Assiette fond gris perle, médaillon Paysage (Gènes).

116 — Grand Plat fond blanc à armoiries.

117 — Deux Plateaux à piédouche, à armoiries d'une famille patricienne de Nuremberg.

118 — Petite Coupe bord dentelé, arabesques, médaillon paysage. Castelli très-fin.

119 — Deux Coupes creuses, Notre-Dame de Lorette et Paysage (Faenza).

120 — Jolie Saucière forme oblongue, arabesques (Castelli).

121 — Encrier : Fuite en Égypte (Pesaro).

122 — Fond de Plat : Madeleine en prière (Urbino).

123 — Autre fond de Plat et Salière.

124 — Assiette creuse et bord contourné : Faïence de Naples, polychrome doré.

125 — Saucière à bec (Faenza).

126 — Gourde (Urbino).

127 — Potiche ; décor polychrome, médaillon figure de Sainte (Urbino).

128 — Petite Coupe à piédouche : Tête de Guerrier.

129 — Deux Assiettes : République de Venise.

FAIENCES DE DELFT

130 — Beau Plat rond : Fleurs et Oiseaux ; décor polychrome très-fin.

131 — Grand Plat rond bombé : Camaïeu bleu à fleurs.

132 — Autre grand Plat rond bombé : Camaïeu bleu à fleurs.

133 — Autre Plat rond polychrome, médaillons homme et femme, daté 1790.

134 — Autre Plat rond : Camaïeu bleu, fleurs.

135 — Autre Plat rond : Camaïeu à personnages.

136 — Autre Plat rond ; décor Chinois polychrome.

137 — Petit Plat bord gaufré, polychrome, décor riche.

138 — Petit Plat polychrome : Oranger et Inscription, daté 1789.

139 — Joli Plat à barbe, bord à côtes, Camaïeu bleu et Sujet chinois très-fin.

140 — Trente Assiettes diverses, riche décor polychrome (Lot à diviser).

141 — Jolie Assiette creuse : Marine et Personnages.

142 — Vingt Assiettes diverses : Camaïeu bleu : Inscription, Personnages et autres.

143 — Vingt Assiettes à chanson : Camaïeu bleu.

144 — Assiette creuse bord dentelé : Camaïeu bleu, riche décor (Marque B. F. S.)

145 — Réchaud : décor Paysage, camaïeu bleu.

146 — Deux Jolies Assiettes à compartiments : Bouquets de Fleurs, camaïeu bleu (Marquées).

147 — Deux Compotiers bord dentelé : Sujets Chinois.

148 — Plaque octogone : Sacrifice d'Abraham, 1788.

149 — Plaque octogone : Corbeille de fruits polychromes.

150 — Plaque octogone : Manganèse, Fleurs.

151 — Plaque hexagone : Manganèse, Fleurs.

152 — Plaque hexagone, polychrome : Fleurs et Oiseaux.

153 — Autre Plaque : Camaïeu bleu, Oiseaux.

154 — Autre Plaque : Camaïeu bleu, autre décor.

155 — Petite Soupière : Camaïeu bleu marqué.

156 — Plaque Delft ; décor Chinois.

157 — Jolie Plaque Delft hexagone, riche décor, camaïeu bleu.

158 — Autre Plaque Delft : Cage et Oiseau polychrome.

159 — Deux petites Plaques : Oiseau et Branchages polychromes.

160 Deux petites Plaques : Perruche en cage, polychromes.

161 — Deux petites Plaques carrées : Jugement de Salomon 1627 ; Samson et Dalila 1519.

162 — Deux petits Chevaux harnachés.

163 — Deux petites Vaches polychromes.

164 — Deux Cornets et une Potiche camaïeu bleu : Personnages.

165 — Pot à crème : Singe, camaïeu bleu.

166 — Deux jolies petites Potiches, camaïeu bleu : Paysages et Animaux.

167 — Deux grands Moutardiers à anse et couvercle, camaïeu bleu.

168 — Jolie Potiche polychrome.

169 — Deux petites Buires, camaïeu bleu, monture étain et cuivre.

170 — Petit Pot et Corbeille.

171 — Petit Vase à anses, camaïeu bleu très-fin.

FAIENCES DIVERSES

172 — Chope en faïence de Berlin, camaïeu rose, encadrement polychrome.

173 — Six Assiettes : décor fleurs, faïence de Danemark.

174 — Deux Assiettes : bord à jour ; décor chinois, faïence de Marieberg (Marquée).

175 — Autre Assiette de Marieberg : décor de fleurs polychromes (Marquée).

176 — Deux petits Plats en terre de pipe anglaise, décorée camaïeu bleu : bord à jour.

177 — Grand Plat ovale à armoiries, en faïence de Nuremberg.

178 — Assiette en terre de pipe : decorée en Hollande : Sacrifice d'Abraham.

179 — Deux Tasses et leurs Soucoupes, porcelaine de Mennecy (Marquée).

180 — Trente pièces, en porcelaines et faïences diverses (Ce lot sera divisé).

181 — Encrier en terre de Nuremberg : Groupe de personnages et têtes en relief.

182 — Encrier en terre d'Avignon, à tiroir, daté 1795.

183 — Dix Pièces en verreries de Venise et de Bohême.

ANTIQUITÉS ET OBJETS DIVERS

184 — Vingt Pièces de Lampes Romaines et gallo-romaines à sujets et inscriptions.

185 — Quarante Pièces environ de Vases étrusques, gallo-romains et autres, ornés de peinture et sujets en relief.

186 — Sept Pièces de Statuettes et Figurines diverses, grecques et gallo-romaines.

187 — Fragments de Poteries romaines et gallo-romaines trouvés à Champliers et au Mont-Berny (Oise).

188 — Vingt pièces environ de Verre antique irisé, Lacrymatoires et Pieds de Vases.

189 — Bracelet gallo-romain, verre bleu.

190 — Quatre pièces sifflet et rondelles ivoire.

191 — Quarante pièces : Bagues, Médaillon, Épingles en bronze, et Epingles en ivoire. Époque romaine et gallo-romaine.

192 — Hache emmanchée dans une corne de Cerf (Age de Pierre).

193 — Huit pièces, Haches et Couteaux (Age de Pierre).

194 — Deux pièces, Haches en bronze.

195 — Deux Cuillères en bronze, trouvées dans la Seine (XIIIe siècle).

196 — Autre Cuillère dite à Ymaige, en argent.

197 — Trois autres Cuillères dites à Ymaige, en bronze, XIIIe siècle.

198 — Trois Fourchettes du XIIIe et XIVe siècle.

199 — Trois Tabatières en grés.

200 — Petit Mascaron albâtre rose oriental.
Trois Scarabées et dix-huit Divinités égyptiennes.

201 — Petit Sarcophage de Fétus et Pied de Momie.

MÉDAILLIER EN CHÊNE SCULPTÉ

202 — Médaillier en chêne sculpté, contenant 1,700 Médailles et monnaies en argent et en bronze de différentes époques (Ce lot sera divisé).

203 — Un Album contenant collection d'Assignats. Documents de la première République, etc.

FERRONNERIE ANCIENNE

204 — Serrure de maîtrise, six pênes, avec sa clef. plaques à jour gravées. ornements et mascarons, XVIIe siècle.

205 — Grosse Serrure avec sa clef. époque Louis XIII.

206 — Serrure allemande, gravée. avec sa gâche. clef ciselée, XVIIe siècle.

207 — Serrure allemande. en fer étamé et repoussé au marteau, XVIe siècle.

208 — Deux Serrures de Meubles, XVIIe siècle.

209 — Serrure à viroles de cuivre, XVIIe siècle.

210 — Quatre Serrures fer gravé et autres, XVIIe siècle.

211 — Serrure de Meuble. fer gravé à deux pênes. avec sa clef, XVIIe siècle.

212 — Deux Serrures Louis XIII, avec leurs clefs.

213 — Serrure avec clef à trèfle. Louis XV.

214 — Deux autres Serrures avec leurs clefs.

215 — Serrure Louis XVI, boîte en cuivre, avec cache-entrée finement ciselée.

216 — Petite Serrure de meuble, découpée à jour, XVIe siècle.

217 — Jolie Serrure persane, entièrement gravée.

218 — Verrou avec clef, initiale E.

219 — Dessus de Coffre allemand gravé, cache-entrée à secret, 13 pènes, 1 seule clef.

220 — Marteau de porte, à mascarons, plaque de fond découpée à jour et gravée.

221 — Autre Marteau de porte, avec plaque découpée à jour.

222 — Autre Marteau de porte allemand, en fer forgé et ciselé.

223 — Autre Marteau de porte en forme d'anneau, avec plaque découpée à jour.

224 — Heurtoir en fer forgé et ciselé.

225 — Deux Marteaux de porte, avec plaques découpées à jour.

226 — Autre Marteau de porte, en fer forgé.

227 — Petit Marteau de porte, avec plaque repoussée et gravée.

228 — Petit Marteau de porte, avec tête de cerf, et plaque gravée, XVIe siècle.

229 — Deux petits Heurtoirs en fer forgé et ciselé.

230 — Marteau de porte en fer forgé, avec ornements gravés en creux.

231 — Autre petit Marteau de porte, ciselé, et plaque à jour.

232 — Trois Porte-Clefs, découpés à jour.

233 — Six Entrées de meuble, en fer gravé et découpé à jour.

234 — Quatre Plaques en fer découpé à jour.

235 — Onze Verroux en fer forgé, gravé et découpé à jour.

236 — Deux Verroux du moyen âge et Henri II, en fer repoussé.

237 — Deux Cache-Entrées et plaque, repoussé.

238 — Trois Pièces en fer repoussé, XVIe siècle.

239 — Trois Loqueteaux en fer forgé.

240 — Grande Clef de maîtrise dans sa gaîne. Époque Louis XIV.

241 — Autre Clef de maîtrise dans sa gaîne. Époque Louis XIV.

242 — Autre Clef de maîtrise dans sa gaîne. Époque Louis XIV.

243 — Autre Clef de maîtrise dans sa gaîne, plus petite. Époque Louis XIII.

244 — Trois Gaînes en fer forgé.

245 — Dix-neuf Pièces, Clefs en fer et en bronze, époque romaine.

246 — Cinq Pièces, Clefs en fer, gallo-romaines.

247 — Onze Pièces, Clefs en fer, de différents modèles, XVIe siècle.

248 — Vingt-quatre Pièces, Clefs en fer forgé et découpé à jour. Époque Louis XIII.

249 — Sept Clefs italiennes, avec anneaux à jour.

250 — Clef de maîtrise avec anneau et panneton à jour, XVIIe siècle.

251 — Clef avec sa gaîne. Époque Louis XIII.

252 — Clef avec anneau à jour, ciselé et gravé.

253 — Clef autre modèle, avec anneau à jour, ciselé et gravé.

254 — Clef triangulaire avec sa gaîne et anneau à jour.

255 — Deux Clefs avec anneaux à jour et gravés.

256 — Jolie Clef à tige ciselée et gravée, anneau divisé par une partie mobile. XVIe siècle.

257 — Deux Clefs en fer forgé, dont une à Dauphins. XVIe siècle.

258 — Trois autres Clefs en fer forgé et anneaux à jour. XVIIe siècle.

259 — Deux Clefs de portes-cochères. Époque Louis XIII.

260 — Dix Clefs en fer, triangulaires et à trèfle, XVIIe siècle.

261 — Douze Clefs en fer et Passe-Partout. XVIIe et XVIIIe siècles.

262 — Onze Cadenas en fer forgé et gravé, de différents modèles.

263 — Petit Modèle de Chenets, Pelle et Pincettes. Louis XVI.

264 — Une paire de Landiers avec barre. XVIe siècle.

265 — Gril en fer forgé, avec plaque mobile découpée à jour, date 1721.

266 — Autre Gril en fer forgé, gravé et ciselé, avec personnages et ornements. XVIIe siècle.

267 — Autre Gril avec plaque mobile découpée à jour. XVIIe siècle.

268 — Quatre Lampes et Chandelier à crémaillère.

269 — Rat-de-Cave en fer forgé. XVIIe siècle.

270 — Deux pièces d'Outils, en fer forgé.

271 — Huit Pièces diverses en fer forgé, Pomme de Canne, Éperons, Poucettes, etc.

272 — Quatre Pièces diverses : Crochets d'épée, Éperon. et petit modèle de Masse d'armes.

273 — Quatre Casse-Noisettes de différents modèles.

274 — Casse-Noisettes Renaissance. Tète de Moine, fer et cuivre gravé.

275 — Petite Pelle en fer forgé et découpée à jour, pièce de maîtrise.

276 — Trois Tire-Bouchons et deux Poinçons.

277 — Serpent en fer forgé et ciselé. Enseigne de médecin.

278 — Deux Pinces, un Compas et Ciseaux avec étui. en cuivre et fer.

279 — Quatre pièces, Couteaux et Fourchettes, incrustation d'argent, manches en écaille.

280 — Trois pièces. Couteau, Fourchette et Fusil. manches en ivoire et cuivre. 1779.

281 — Six pièces, Poignards et Stylets espagnols.

282 — Couteau et Fourchette. manches en écaille. incrustés d'argent et gravé.

283 — Couteau et Fourchette, manche en corne de cerf. garni en argent. Louis XIII.

284 — Trois Fourchettes et un Couteau. manche en corne de cerf, garnis en argent. Louis XIII.

285 — Cinq Fourchettes. manches en nacre incrustée de cuivre.

286 — Deux Fourchettes et un Couteau, manches en agate et lapis.

287 — Fourchette manche en ivoire sculpté. Louis XIII.

288 — Six Fourchettes, manches en nacre et autres. Louis XIII.

289 — Six Couteaux et Canifs, manches en nacre et filigrane.

290 — Six Couteaux et un Fusil, garnis en argent.

291 — Couteau italien, manche en nacre, incrustation de pierres de couleur.

292 — Vingt Pièces : Armes diverses, Épées, Sabres, Poignards, Hallebardes, Casque, Éperons, etc.

293 — Mortier et son Pilon en bronze, daté 1679.

294 — Deux volumes, Art du Serrurier, par Duhamel du Monceau, 1767. (Texte et Planches).

OBJETS DE VITRINES

295 — Deux Boîtes en émail de Saxe.

296 — Bonbonnière, forme œillet, en porcelaine de Saxe, garnie en argent.

297 — Petite Boîte oblongue, e.. granit de Suède.

298 — Boîte en pierre dure.

299 — Deux Boîtes, dont une piquée d'or et d'argent.

300 — Deux Peignes et une Râpe à tabac.

301 — Rouleau à pâtisserie en bambou sculpté.

302 — Deux Boîtes à tabac, en cuivre gravé.

303 — Trois fac-simile, Anneaux pastoraux.

304 — Trois Bagues anciennes, pierres gravées.

305 — Deux Plaques en cuivre et fer gravés, et six Camées avec têtes d'empereur.

306 — Pagode pierre de Laar, trois Boutons bois de Tech et corne. Cachet ivoire.

307 — Un Lot de Bijoux orientaux et autres, Bagues, Chapelets, etc.

308 — Sept Pièces : Châtelaine, Cachets, Lorgnon et Croix en acier.

309 — Petite Croix en fer ciselé. Époque Louis XIII.

310 — Boîte à amadou en fer gravé. Époque Louis XIII.

311 — Vingt Pièces, Objets des îles : Flèches, Bracelets, etc.

GRAVURES ANCIENNES ET DESSINS

312 — **Rembrandt**. Descente de croix, 1633.

313 — **Joh. Schoorel**. Le Christ et les saintes Femmes.

314 — **Breugel**. Les Vierges folles et les Vierges sages.

315 — **Callot**. La Tentation de saint Antoine.

316 — **Dürer** (A.). Enlèvement de Proserpine, 1516.

317 — Gravures diverses en feuilles.

318 — **Lucas de Leyde**. Adoration des faux Dieux (Dessin à la plume).

319 — Sainte en extase. Peinture sur bois du XVIe siècle.

320 — Deux Peintures sur bois, insectes, attribuées à Van Kessel.

321 — Neuf Jeux de Cartes de différents pays.

LIVRES

80 Volumes environ, Ouvrages sur l'Archéologie, la Céramique la Numismatique et autres.

322 — Brongniart. 3 vol. textes et planches.

323 — Maze (Alph.). Recherches sur la céramique, 1 vol.

324 — Jacquemart. Histoire de la céramique, 1 vol.

325 — Demmin (Aug.). Guide de l'amateur de faïence et de porcelaine. 2 tomes en 1 vol.

326 — Liger (F.). La Ferronnerie ancienne et moderne. 2 vol. brochés.

327 — Labarthe (J.). Histoire des arts industriels au moyen âge. 1 vol. broché.

328 — Husson. Architecture ferronnière. Texte et planches.

329 — Pfnor. Album de l'ornementation.

330 — Forgeais. Plombs historiés. 6 vol. brochés.

331 — Champfleury. Histoire des faïences patriotiques. 1 vol. rel.

332 — Delange (C.). Recueil des faïences dites de Henri II et de Diane de Poitiers.

333 — Demmin (Aug.). Guide de l'amateur d'armes. 1 vol. relié.

334 — Ganneron. Cassette de saint Louis. 1 vol. relié.

335 — Cleuzion (Du). De la poterie gauloise. 1 vol. broch.

336 — Feuardent (F.). Numismatique. Egypte ancienne. 1 vol. broché.

337 — Lorichs (de). Médailles celtibériennes. 1 vol. rel.

— Millin
poléon. 1
— Albums, brochures ..

MEUBLES ANCIENS

342 — Grand Meuble à deux corps et à quatre vantaux, chêne sculpté garni de ses ferrures gravées. Louis XIII.

343 — Petit Bahut à deux vantaux, chêne sculpté et ferrures gravées (même époque).

344 — Belle Armoire, chêne sculpté à deux vantaux vitrés. Louis XVI.

345 — Joli Coffre de corporation, en bois noyer et marqueterie orné de ferrures ciselées et gravées, date 1611.

346 — Pendule dite religieuse en bois noir garni de cuivre ciselé.

Vve Renou, Maulde et Cock, imprs de la Compagnie des Commissaires-Priseurs, rue de Rivoli, 144. 2153

www.ingramcontent.com/pod-product-compliance
Ingram Content Group UK Ltd.
Pitfield, Milton Keynes, MK11 3LW, UK
UKHW020534180726
13839UKWH00005B/2499